Claude Jeantet

MEUBLES EN CARTON

dessain et tolra

Photographies : Jeanbor
Maquette : Michèle Andrault
Couverture : Pierre Léotard

Composition : Point 12
Photogravure : Euresys

© 1994 Dessain et Tolra, Paris
Dépôt légal : février 1994
ISBN : 2-249-27951-9

Toute utilisation commerciale des objets présentés est interdite.
« Toute représentation ou reproduction, intégrale ou partielle, faite sans le consentement de l'auteur ou de ses ayants-droit, ou ayants-cause, est illicite (loi du 11 mars 1957, alinéa 1er de l'article 40). Cette représentation ou reproduction, par quelque procédé que se soit, constituerait une contrefaçon sanctionnée par les articles 425 et suivants du Code pénal. La loi du 11 mars 1957 n'autorise, au terme des alinéas 2 et 3 de l'article 41, que les copies ou reproductions strictement réservées à l'usage privé du copiste et non destinées à une utilisation collective d'une part, et, d'autre part, que les analyses et les courtes citations dans un but d'exemple et d'illustration. »

Cet ouvrage met à l'honneur un matériau sobre et chaleureux : le carton.

Existant sous des formes diverses, il peut être résistant (cylindre), léger et facile à travailler (carton cannelé), pratique (conditionnement) ; il est peu onéreux (récupération) et cependant toujours beau (carton ondulé).

Vous pouvez vous le procurer soit en le récupérant (emballages, tubes de moquettes, boîtes, conditionnements divers, etc.) soit en l'achetant.
Le carton cannelé en plaque (ou carton d'emballage) peut s'acheter chez un cartonnier. Choisissez si possible les plaques teintées en blanc sur une face : tous les modèles de l'ouvrage sont fabriqués avec celles-ci. Pour peindre le carton naturel, utilisez de la peinture en bombe.
Le carton ondulé s'achète au mètre en papeterie, ainsi que les cylindres de différents diamètres.

Comment utiliser cet ouvrage

Est indiquée, dans la liste de matériel, pour chaque meuble, la mention «les outils indispensables»; ce sont:
un crayon, une gomme, une règle en métal, une équerre, un cutter et de la colle néoprène de contact.

Lorsqu'un meuble est fabriqué avec des cartons de différentes sortes ou différentes épaisseurs, leur catégorie est indiquée entre parenthèses;
exemple: (c.o.) = carton ondulé

Deux types de pointillés indiquent:
_ . _ . _ . _. _ : couper
- - - - - - - - - : coup de cutter pour plier

Les cartons cannelé et ondulé se coupent aisément avec un cutter. Les cylindres, selon leur dimension, se coupent avec une scie à main.

La fabrication de chaque meuble est expliquée pas à pas par des schémas, selon deux niveaux de lecture: chaque page de l'ouvrage est en effet séparée en deux parties verticales, soit:
à gauche de la page, précédé du sigle •, soit un schéma, soit un texte décrit les pièces à dessiner et à découper;
à droite de la page, en correspondance, des schémas indiquent l'assemblage des pièces à coller ou après collage.

Toutes les mesures sont exprimées en centimètres.

Exemple:
Carton de 0,6: 180 x 60
= carton de 0,6 cm d'épaisseur
format: 180 cm x 60 cm

SOMMAIRE

LE PANNEAU VIDE-POCHES	6
LE PARAVENT	9
LE MEUBLE TRANSFORMABLE	12
La table de nuit	13
L'étagère	15
La table de salon	15
LE PETIT BUREAU	17
Le classeur	18
Le plumier	21
Le pot à crayons	22
LA COIFFEUSE	23
La console	24
Les tiroirs	26
Les boîtes	29
LES MIROIRS	31
Modèle 1	31
Modèle 2	34
LE MIROIR TRANSPORTABLE	35
LA TABLE GIGOGNE	38
La table basse	39
La table à dessin	41
Le tabouret	43
L'ESCALIER DE VERDURE	45
L'ÉTAGÈRE RÉTRO	48
LES MEUBLES D'ENFANTS	51
L'étagère maison de poupées	52
Les mini meubles	55
Le bureau	56
Le tabouret rangement	60

MEUBLES EN CARTON

LE PANNEAU VIDE-POCHES

MATÉRIEL

- Carton de 0,6 : 180 x 60
- Carton de 0,4 : 50 x 50
- Carton ondulé : 100 x 50
- 1 ardoise de 18 x 25
- 1 tube essuie-tout
- 1 tube Ø 1,5 : 30
- 1 tube Ø 10,5 : 40
- Papier adhésif noir : 12 x 40
- Elastiques
- 2 accroches pour cadre
- 1 scie à main
- Outils indispensables

FABRICATION

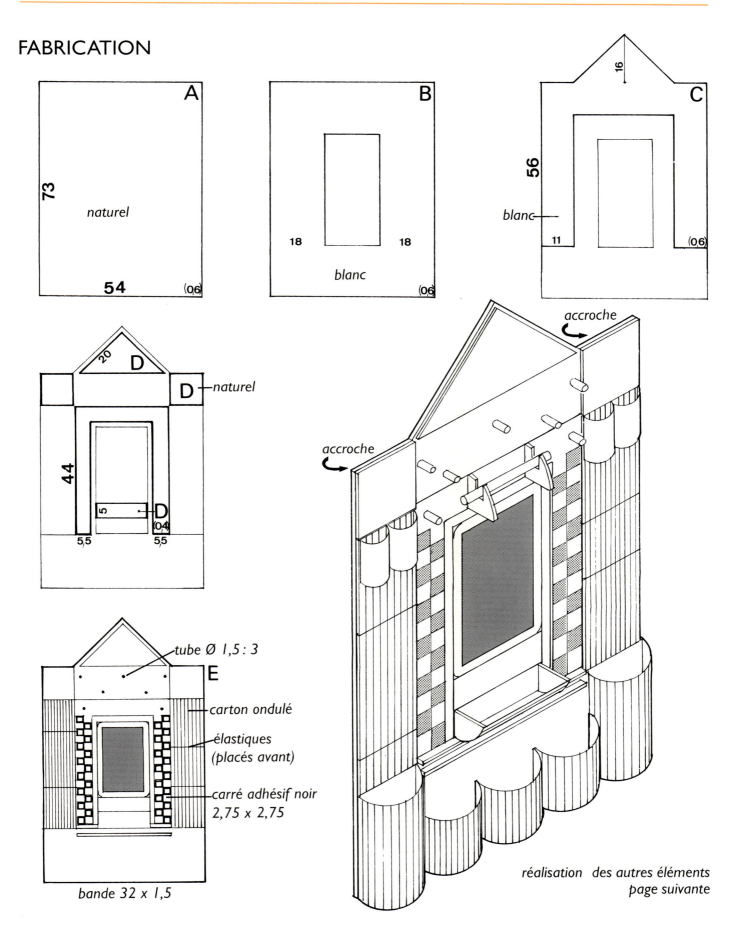

réalisation des autres éléments
page suivante

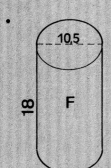

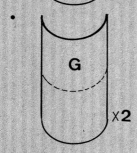

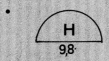

- 2 rectangles I (c.o.) : 18 x 16

- 3 rectangles J (c.o.) : 16 x 9

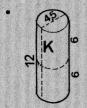

- 2 quarts de cercle L (0,6) :

- 2 quarts de cercle M (0,6) :

- 1 rectangle N (c.o.) : 18 x 10

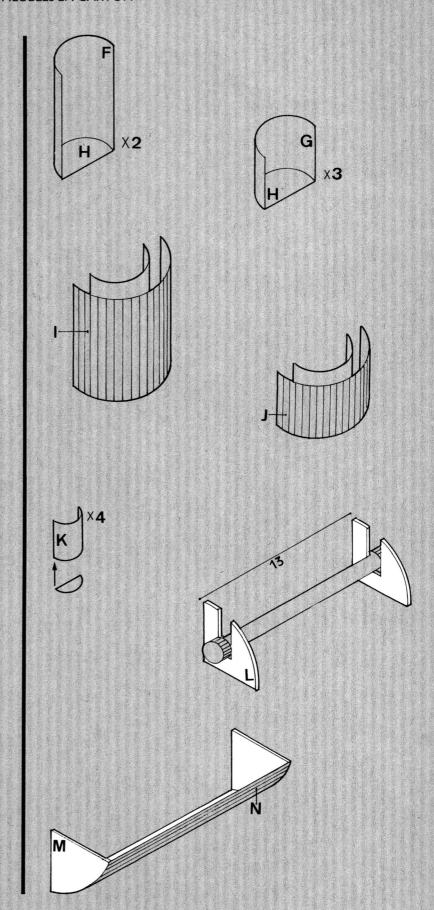

LE PARAVENT

MATÉRIEL

- Carton de 0,6 : 160 x 150
- Carton de 0,4 : 60 x 50
- Carton ondulé : 110 x 6
- 3 tubes gris Ø 4 : 47 par tube
- Ruban adhésif entoilé noir de 5 de l.
- Outils indispensables

FABRICATION

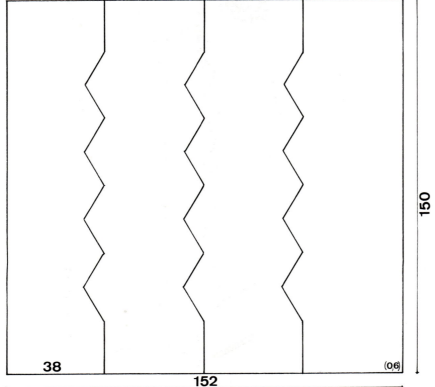

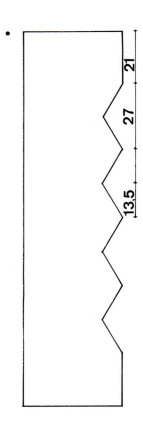

- 12 rectangles A (évidés)
  et 4 rectangles B (non évidés) :

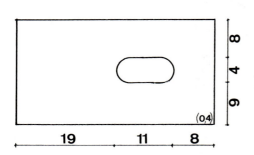

- 4 bandes C (c.o.)
  (L // au x cannelures) : 108 x 6

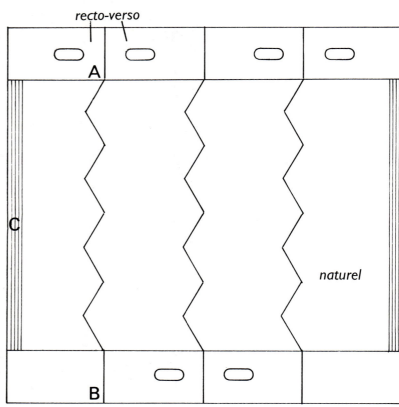

LE PARAVENT

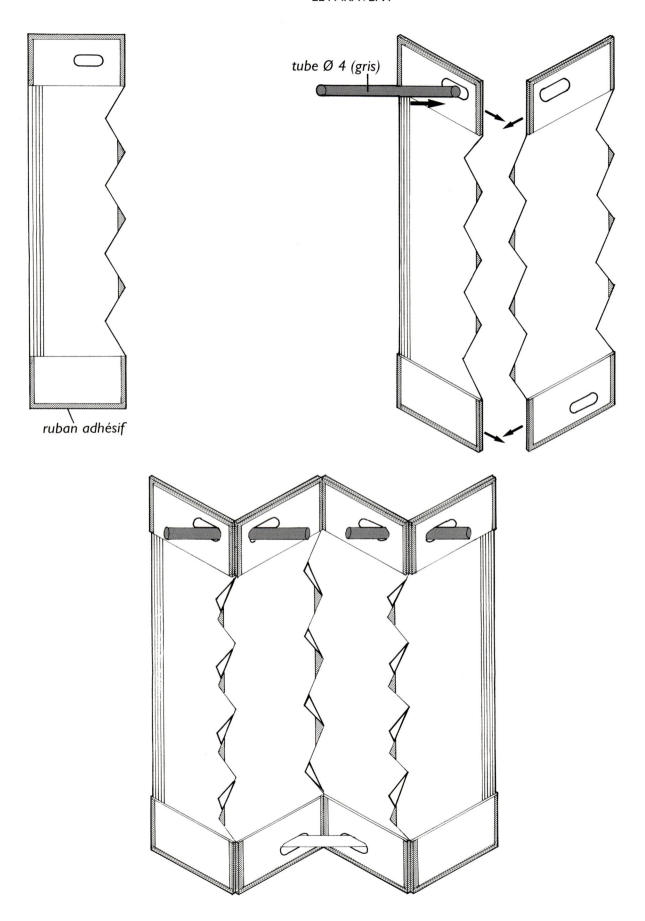

ruban adhésif

tube Ø 4 (gris)

MEUBLES EN CARTON

LE MEUBLE TRANSFORMABLE

La table de nuit

MATÉRIEL

- Carton de 0,6 : 100 x 120
- Tube Ø 8,5 : 31
- Boîte à chaussures : 26 x 14
- Ruban adhésif beige 5 de l.
- 1 scie à main
- Outils indispensables

FABRICATION

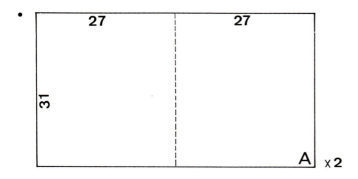

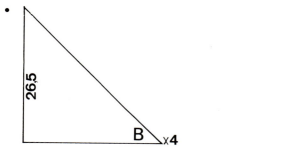

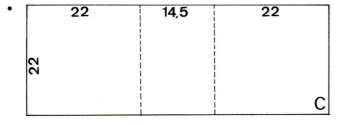

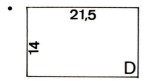

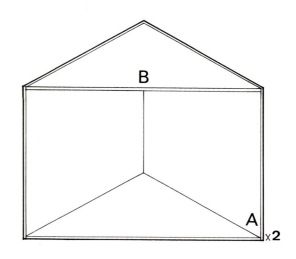

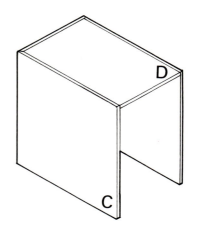

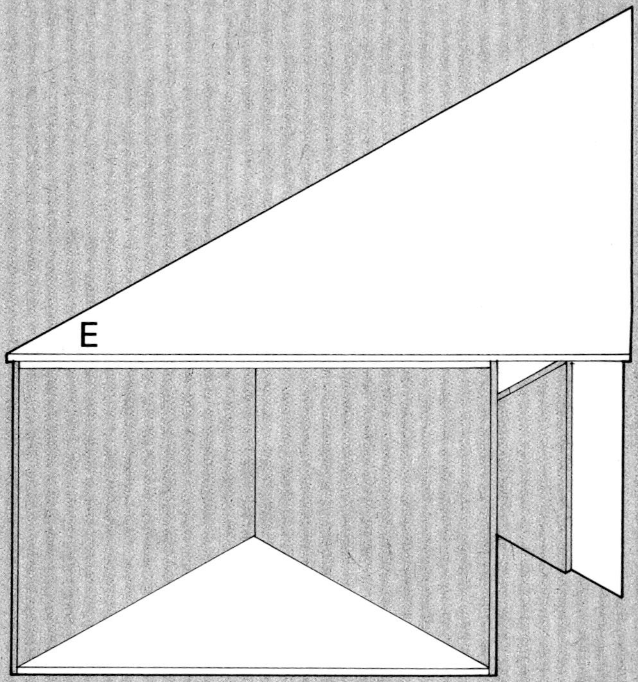

MEUBLES EN CARTON

- 1 triangle isocèle (50 de côté) E

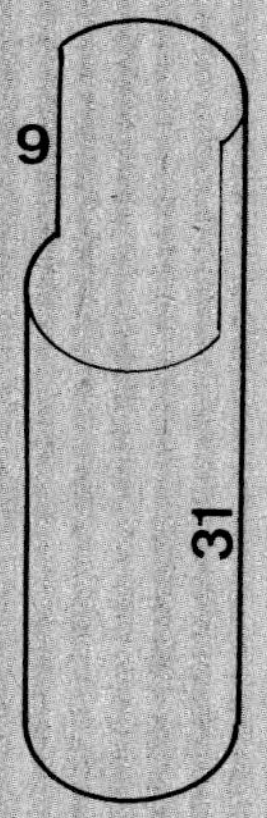

9

31

- 1 rectangle F : 12 x 7,5

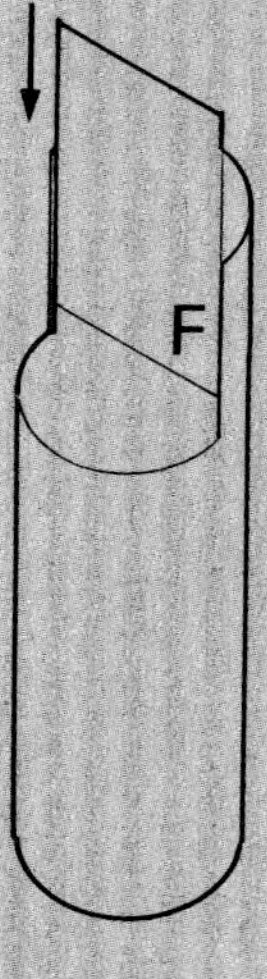

- Boîtes à chaussures renforcées :

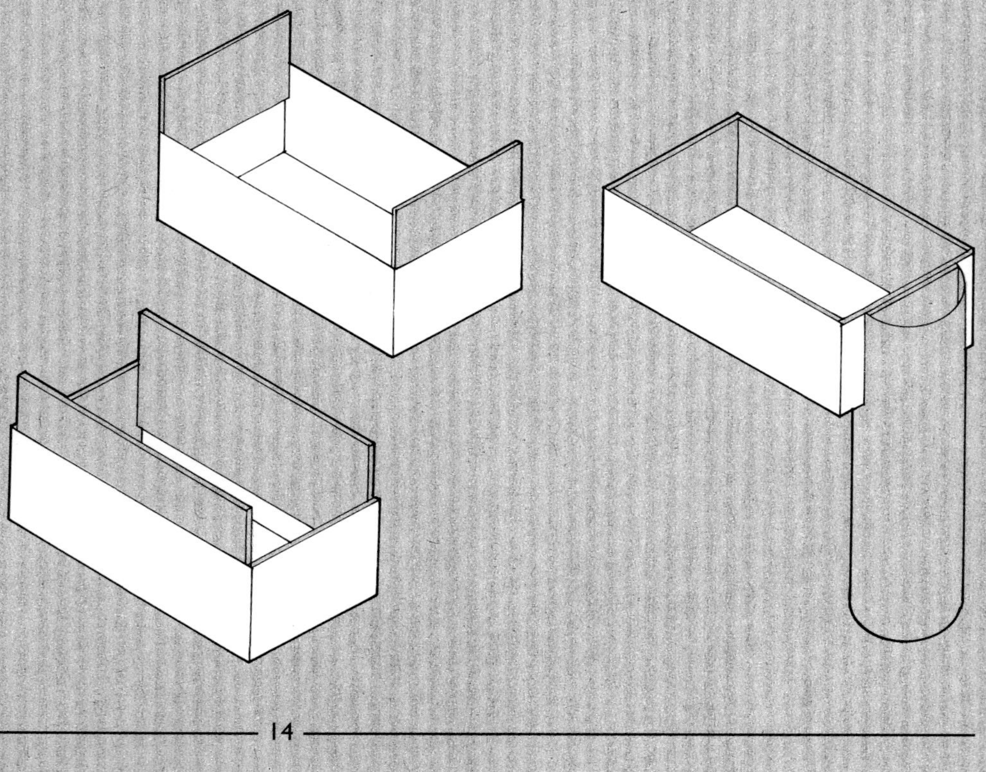

14

LE MEUBLE TRANSFORMABLE

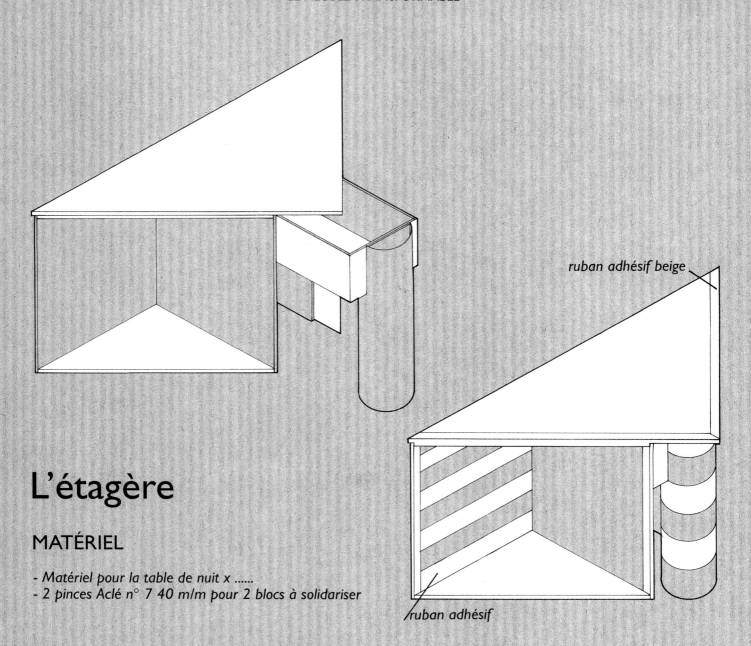

L'étagère

MATÉRIEL

- Matériel pour la table de nuit x ......
- 2 pinces Aclé n° 7 40 m/m pour 2 blocs à solidariser

La table de salon

MATÉRIEL

- Matériel pour 2 tables de nuit
- 4 pinces Aclé n° 7 40 m/m
- Carton de 0,6 : 50 x 50
- Ruban adhésif beige 1 de large
- Papier adhésif transparent : 60 x 60
- Outils indispensables

MEUBLES EN CARTON

FABRICATION

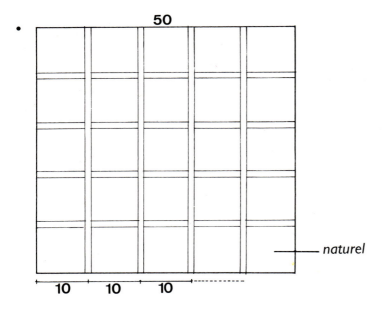

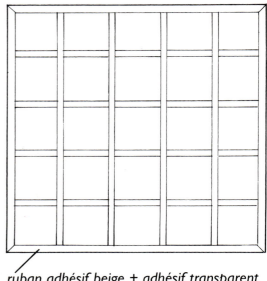

naturel

ruban adhésif beige + adhésif transparent

LE PETIT BUREAU

Le classeur

LE PETIT BUREAU

MATÉRIEL

- 1 carton à dessin : 28 x 30
- Carton de 0,6 : 65 x 40
- Carton de 0,4 : 30 x 20
- Chutes de carton à dessin : 40 x 5
- 3 tubes Ø 6,5 : 58 par tube
- Carton ondulé : 25 x 10
- Papier kraft 20 x 20
- Bristol épais : 20 x 20
- Ruban adhésif entoilé noir 5 de l.
- Ruban adhésif de protection
- 1 scie à main
- Outils indispensables

FABRICATION

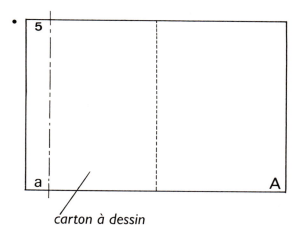

- 1 rectangle B (0,6) : 37 x 23

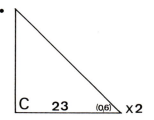

- 1 rectangle D (0,6) : 37 x 16

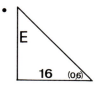

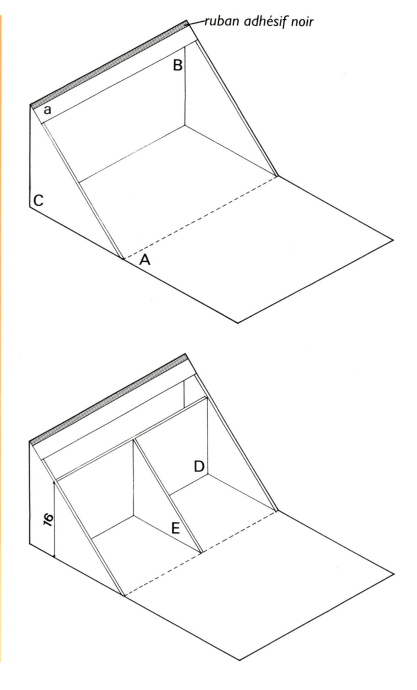

- 2 rectangles F (0,4) : 18 x 10

-

- 4 rectangles H (carton à dessin) : 8,8 x 5

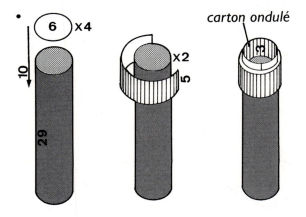

carton ondulé

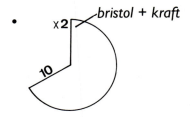

bristol + kraft

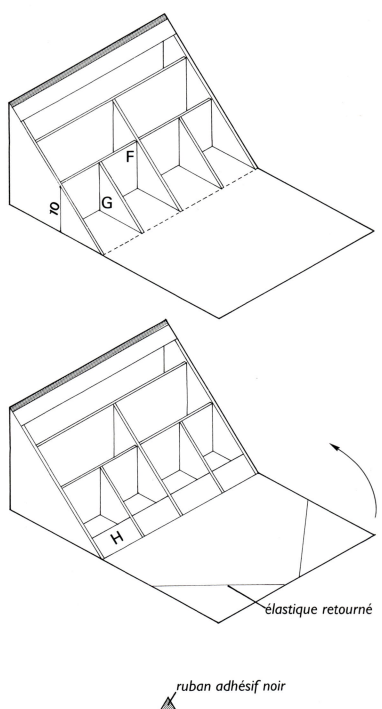

F

G

H

élastique retourné

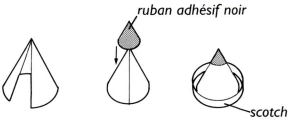

ruban adhésif noir

scotch

Le plumier

MATÉRIEL

- *Carton à dessin : 27 x 10*
- *Carton de 0,6 : 27 x 21*
- *Carton de 0,4 : 27 x 11*
- *Tube Ø 10 : 27*
- *Carton ondulé : 27 x 11*
- *Ruban adhésif noir entoilé 5 de l.*
- *1 scie à main*
- *Outils indispensables*

FABRICATION

- 1 rectangle A (0,6) : 27 x 5

- 2 rectangles B (carton à dessin) : 27 x 11

- 1 demi-tube C : 27

- 2 demi-cercles D (0,6) :

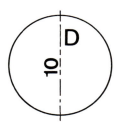

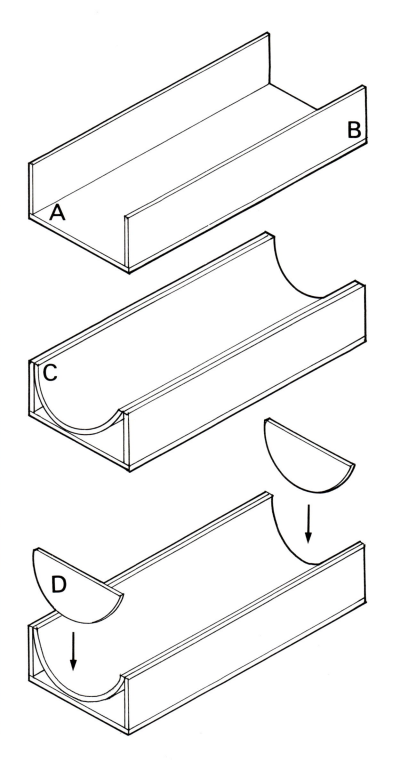

- 1 rectangle E (0,6) : 27 x 10

- 1 rectangle E' (c.o.) : 27 x 10

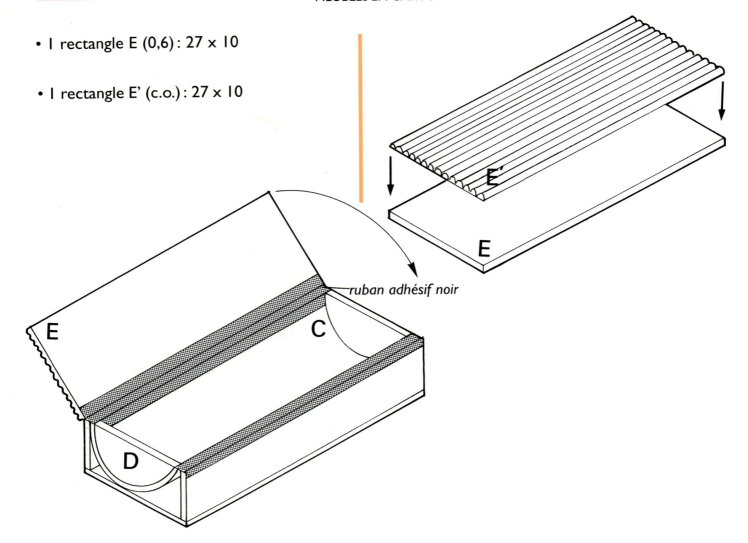

ruban adhésif noir

Le pot à crayons

MATÉRIEL

- Carton à dessin : 30 x 11
- Carton de 0,6 : 9 x 9
- Ruban adhésif noir entoilé 5 de l.
- Outils indispensables

FABRICATION

- 3 rectangles A (carton à dessin) : 9,5 x 11

- 1 triangle B (0,6) :

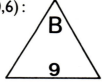

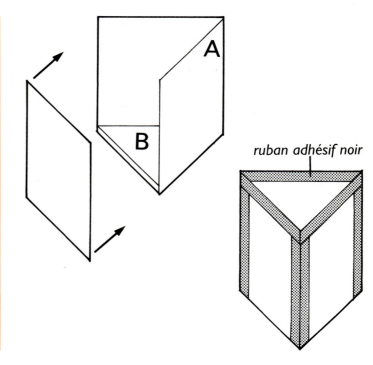

ruban adhésif noir

LA COIFFEUSE

23

La console

MATÉRIEL

- Carton de 0,6 : 200 x 250
- Carton ondulé : 100 x 100
- Tube Ø 11 : 71
- 1 scie à main
- Outils indispensables

FABRICATION

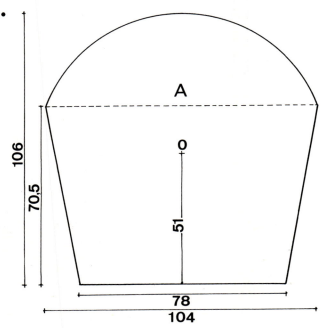

O : pointe du compas

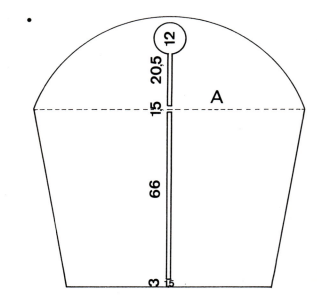

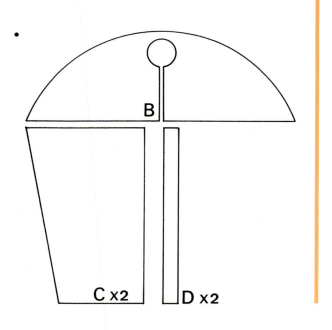

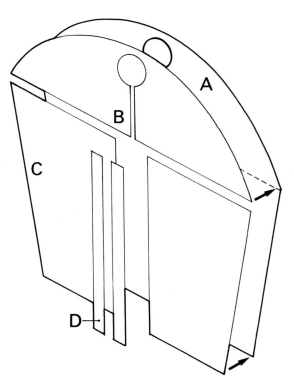

LA COIFFEUSE

- E : carton blanc (0,6) ou carton (0,6 + c.o.)

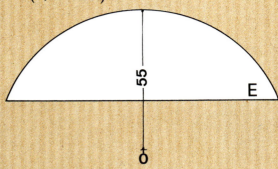

0 : pointe du compas

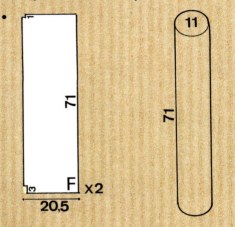

- 1 rectangle G (c.o.) : 73 × 70
- X : bande de c.o. (3 de l.)

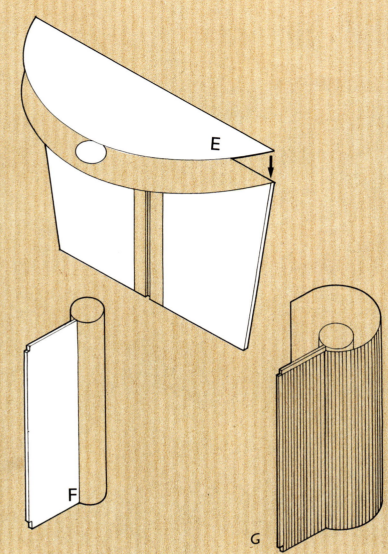

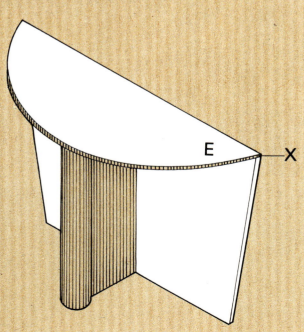

Les tiroirs

MATÉRIEL

- Carton de 0,6 : 100 x 100
- Carton de 0,4 : 30 x 24
- Carton ondulé : 45 x 40
- 1 tube de papier essuie-tout
- Outils indispensables

LA COIFFEUSE

FABRICATION

- 4 formes A :

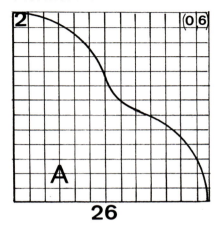

- 2 rectangles B (0,6) : 26 × 9

- 2 rectangles C (0,6) : 16 × 9

- 2 rectangles D (c.o.) : 40 × 9

- 4 formes E :

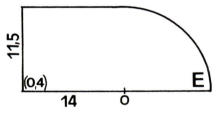

0 : pointe du compas

- 2 rectangles F (0,6) : 25 × 8

- 4 rectangles G (0,4) : 13 × 10

- 2 rectangles H (c.o.) : 15 × 8,5

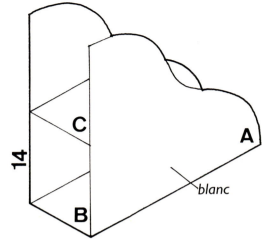

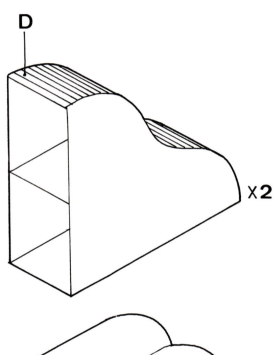

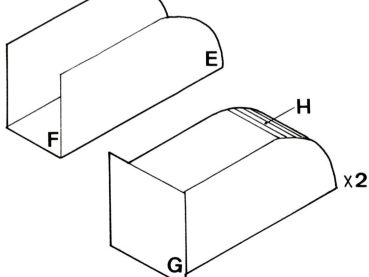

• 4 quarts de cercle I :

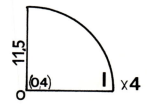

• 2 rectangles J (0,4) : 12 x 8

• 4 rondelles (essuie-tout) :
 1,5 de l. + bande de c.o.

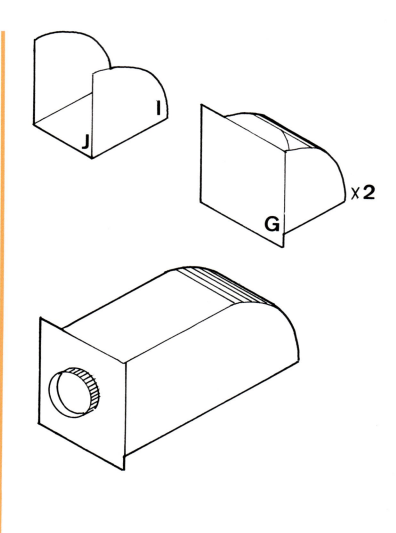

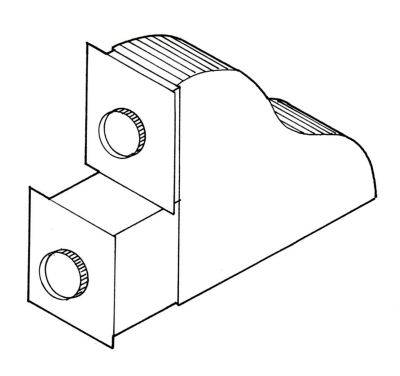

LA COIFFEUSE

Les boîtes

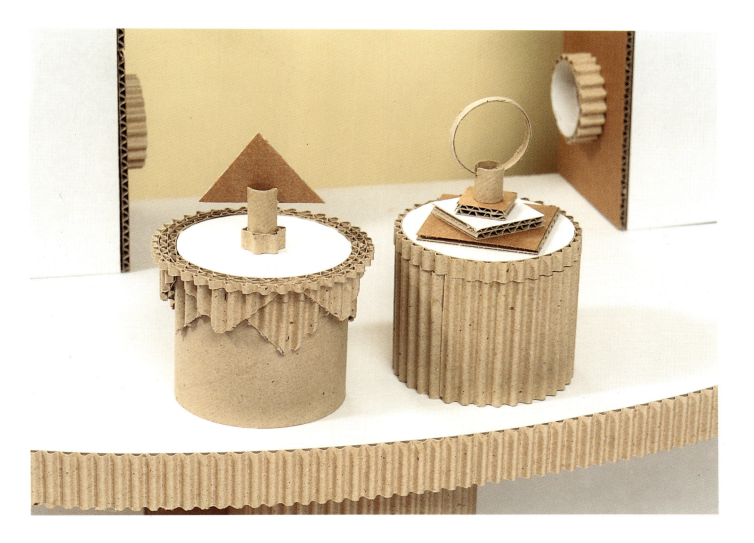

MATÉRIEL

- Tube Ø 8,5 : 16
- Carton de 0,6 : 20 x 20
- Carton de 0,4 : 12 x 12
- Carton ondulé : 40 x 15
- Tube Ø 1,5 : 8
- 1 tube de papier essuie-tout
- 1 scie à main
- Outils indispensables

Boîte A

- 1 cercle A (0,6) : Ø 7,6
- 1 rectangle B (c.o.) : 37 x 7
- 1 cercle C (0,6) : Ø 8,6
- 1 bande D (c.o.) : 31 x 1

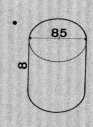

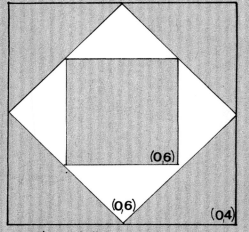

(0,6) (0,6) (04)

grandeur réelle

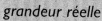

Boîte B

- 1 cercle A (0,6) : Ø 7,6
- 1 cercle B (0,6) : Ø 8,6

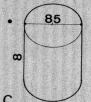

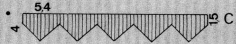
5,4 / 4 / 1,5 C

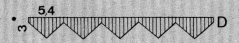
5,4 / 3 D

- 1 bande E (c.o.) : 35 x 0,5

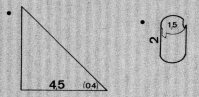
4,5 (04)

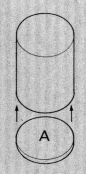
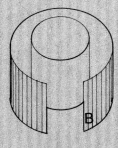
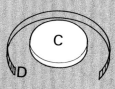

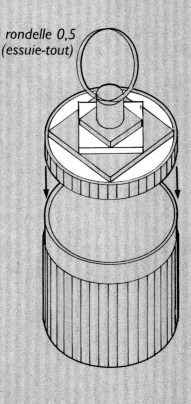
rondelle 0,5 (essuie-tout)

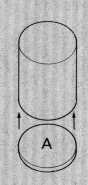
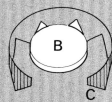
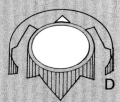

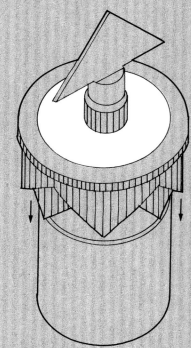
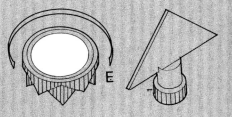

LES MIROIRS

Modèle I

MATÉRIEL

- Carton de 0,6 : 80 x 60
- Carton de 0,4 : 80 x 60
- 1 tube de papier essuie-tout
- 1 tube Ø 1,5 : 50
- 1 miroir adhésif : 30 x 30
- Carton ondulé : 40 x 40
- 1 agrafeuse
- 2 accroches pour cadre
- Outils indispensables

FABRICATION

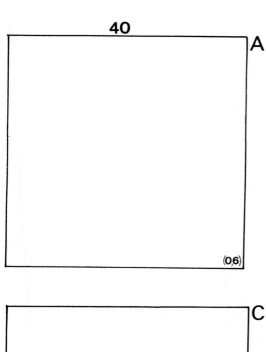
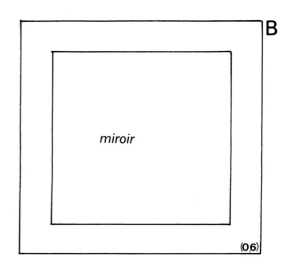
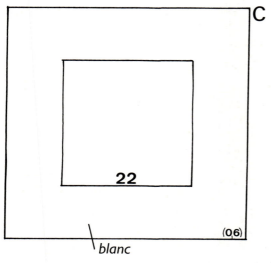
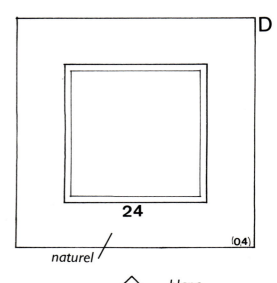
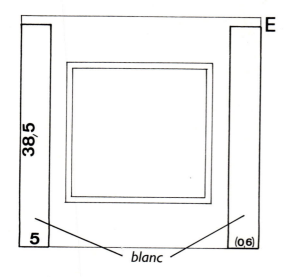
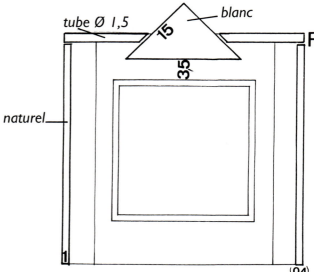

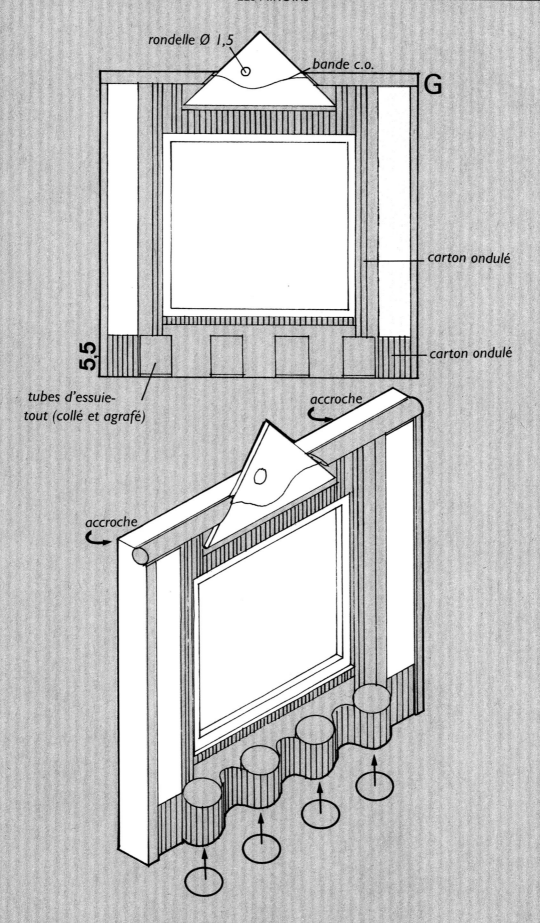

Modèle 2

MATÉRIEL

- *Carton de 0,6 : 45 x 45*
- *Carton de 0,4 : 20 x 20*
- *Miroir adhésif : 30 x 30*
- *2 accroches pour cadre*
- *Carton ondulé : 45 x 25*
- *Outils indispensables*

FABRICATION

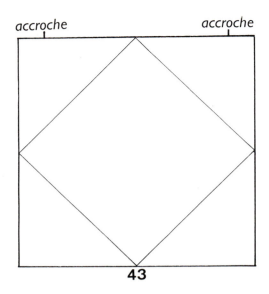

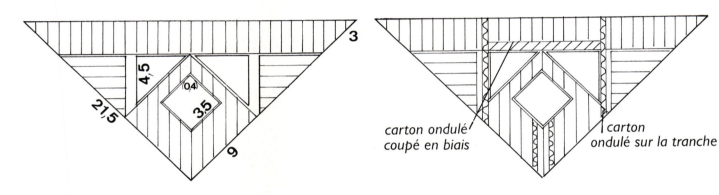

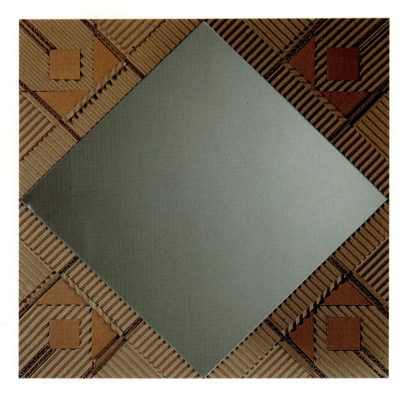

LE MIROIR TRANSPORTABLE

MATÉRIEL

- Carton de 0,6 : 60 x 60
- Carton de 0,4 : 40 x 10
- Carton ondulé : 60 x 12
- Tube Ø 8,5 : 11,5
- Tube Ø 4 : 130
- 1 miroir adhésif : 30 x 30
- 1 scie à main
- Outils indispensables

FABRICATION

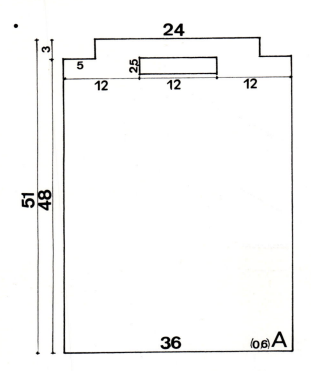

- 1 rectangle B (0,6) : 30 x 12

- 2 tubes C (Ø 0,4) : 51

- 1 tube C' (Ø 0,4) : 24

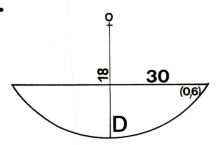

0 : pointe du compas

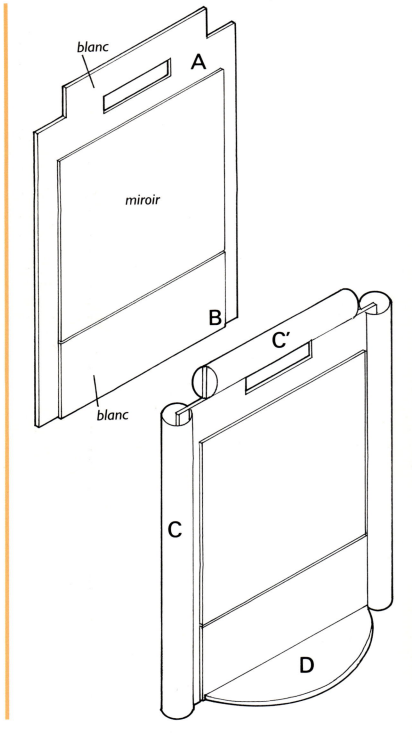

LE MIROIR TRANSPORTABLE

- 1 bande E (c.o.) : 38 x 12

- 1 bande F (c.o.) : 20 x 10

- 2 bandes G (0,4) :

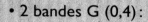

- 2 bandes H (0,4) : 30 x 1,5

- 1 bande I (0,4) : 30 x 1

-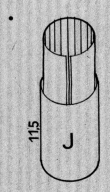

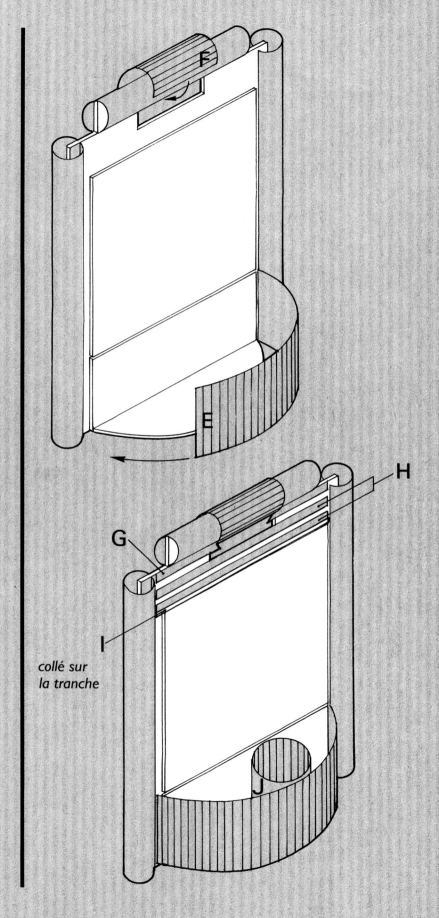

collé sur la tranche

37

MEUBLES EN CARTON

LA TABLE GIGOGNE

La table basse

MATÉRIEL

- 2 cartons à dessin : 52 x 36
- Carton de 0,6 : 3 fois 130 x 60
- Ruban adhésif noir entoilé 5 de l.
- Papier adhésif transparent : 100 x 60
- Papier kraft vert (facultatif) : 100 x 60
- Colle en bombe
- Outils indispensables

FABRICATION

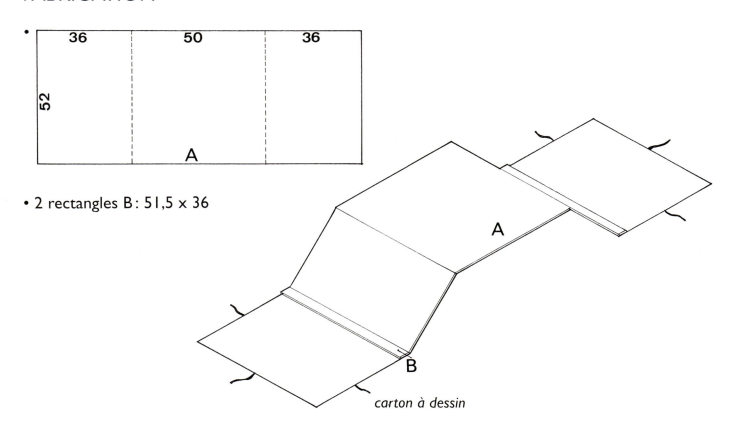

- 2 rectangles B : 51,5 x 36

carton à dessin

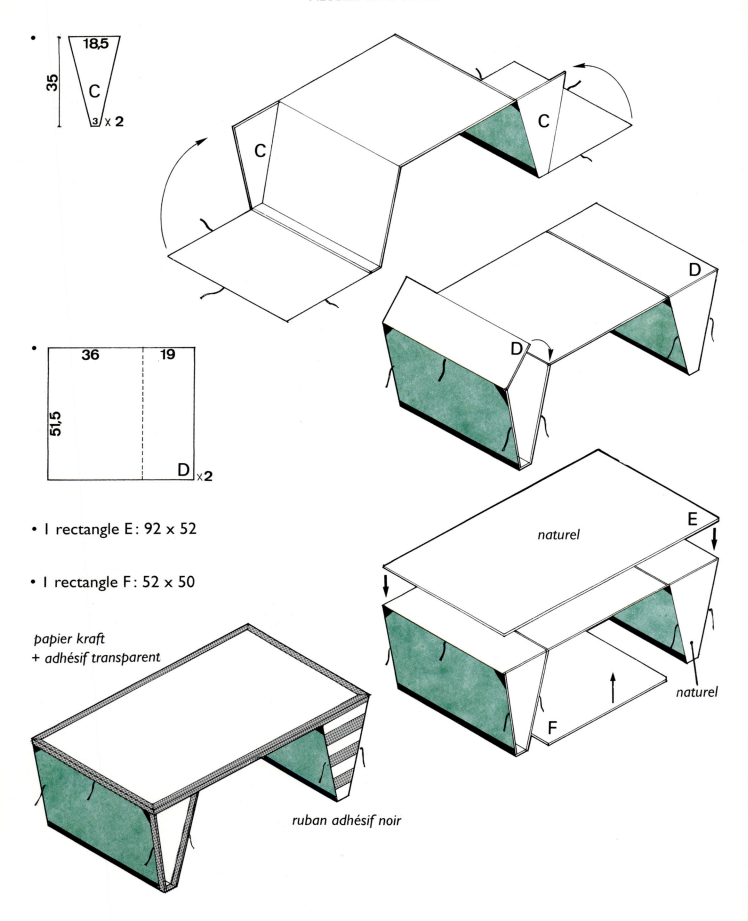

- 1 rectangle E : 92 x 52

- 1 rectangle F : 52 x 50

papier kraft
+ adhésif transparent

ruban adhésif noir

La table à dessin

MATÉRIEL

- 2 cartons à dessin : 52 x 36
- Carton à dessin : 52 x 50
- Carton de 0,6 : 120 x 120
- Ruban adhésif entoilé noir 5 de l.
- Outils indispensables

FABRICATION

- 1 rectangle A (carton à dessin) :
  52 x 49

- 1 rectangle B : 52 x 42

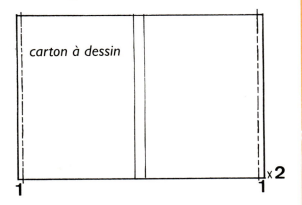

- 2 rectangles C : 52 x 3

- 4 rectangles D : 52 x 35

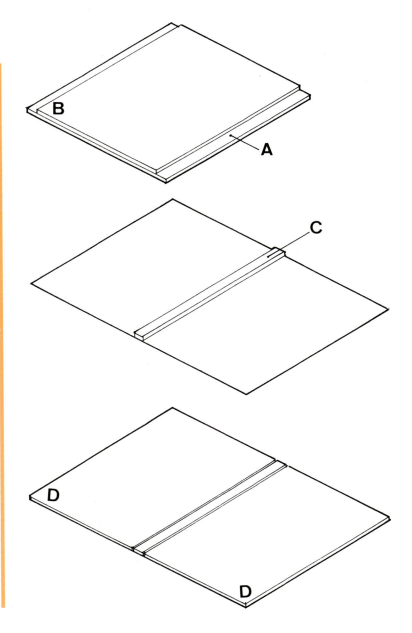

MEUBLES EN CARTON

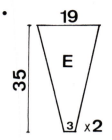

- 2 rectangles F : 51 x 18

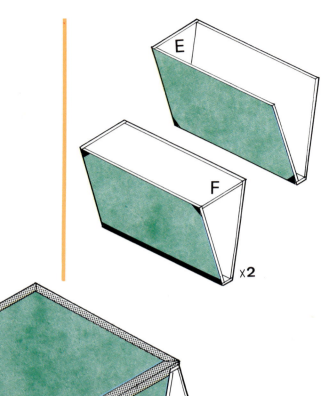

ruban adhésif noir

Le tabouret

MATÉRIEL

- 2 cartons à dessin : 52 x 36
- Carton de 0,6 : 50 x 50
- Ruban adhésif noir entoilé 5 de l.
- Outils indispensables

FABRICATION

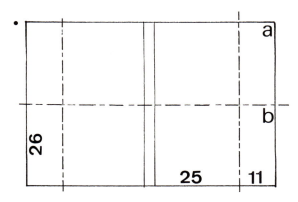

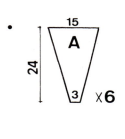

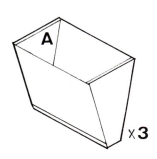

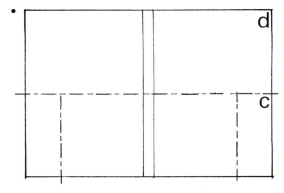

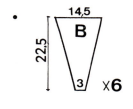

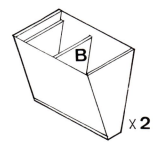

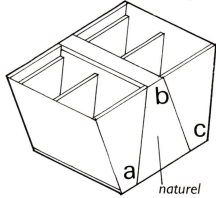

- 2 rectangles C : 24 x 14,5

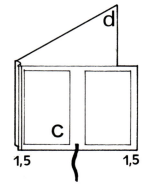

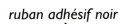
ruban adhésif noir

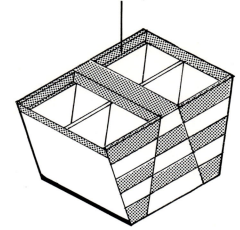

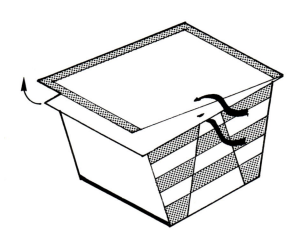

L'ESCALIER DE VERDURE

MATÉRIEL

- Carton de 0,6 : 80 x 80
- Tube Ø 12 : 80
- Carton ondulé : 40 x 14
- Ruban adhésif entoilé noir de 5 de l.
- Outils indispensables

FABRICATION

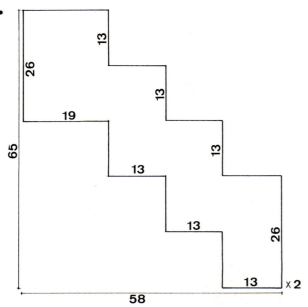

- 1 rectangle A : 13 x 12

- 4 rectangles B : 25 x 12

- 1 rectangle C : 26 x 12

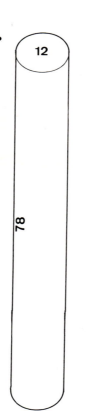

- 1 cercle D : Ø 13

- 1 bande E (c.o.) : 40 x 7

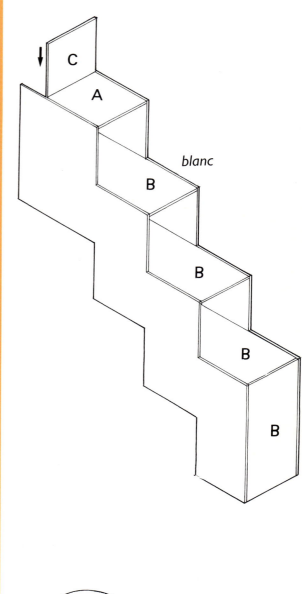

blanc

• 1 rectangle F (c.o.) : 26 x 20

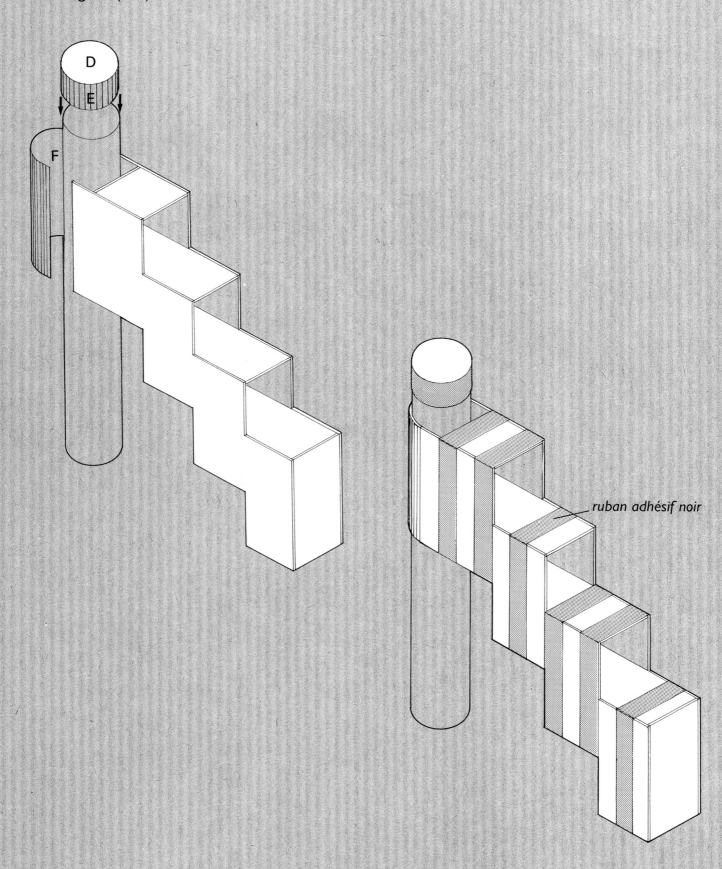

ruban adhésif noir

MEUBLES EN CARTON

L'ÉTAGÈRE RÉTRO

MATÉRIEL

- Tube Ø 11 : 130
- Carton de 0,6 : 100 x 80
- 1 disque vinyle 33 tours
- 1 boîte de pellicule photo
- Ruban adhésif noir entoilé 5 de l.
- Outils indispensables

FABRICATION

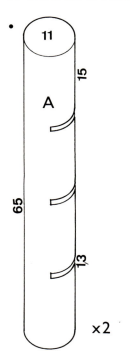

- 6 rectangles B : 38 x 11

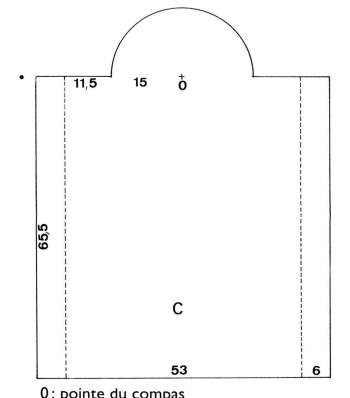

0 : pointe du compas

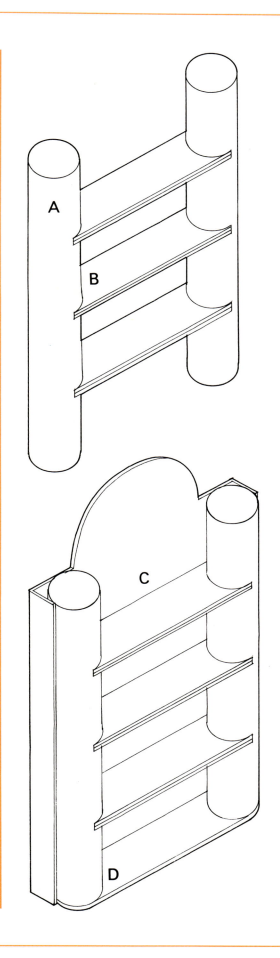

MEUBLES EN CARTON

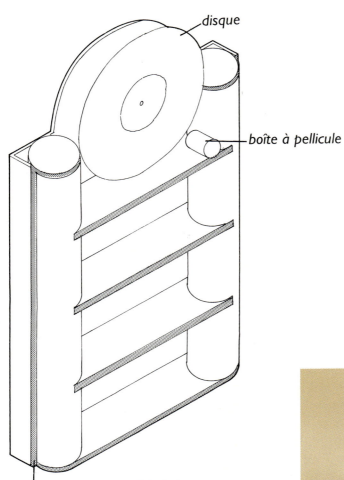

disque

boîte à pellicule

bande de ruban adhésif 1 de 1

- 6 carrés de ruban adhésif : 2,5 x 2,5, de chaque côté du disque, en bordure des tubes (soit 12 carrés)

- 3 carrés : 2,5 x 2,5, pour souligner chaque plateau d'étagère (soit 18 carrés)

LES MEUBLES D'ENFANT

L'étagère maison de poupées

MATÉRIEL

- Carton de 0,6 : 200 x 120
- Carton de 0,2 : 20 x 20
- Tube Ø 8,5 : 60
- Tube Ø 5,5 : 44
- 2 boîtes à chaussures
- Ruban adhésif entoilé blanc 5 de l.
- 1 tube de gouache blanche et 1 pinceau
- 1 scie à main
- Outils indispensables

FABRICATION

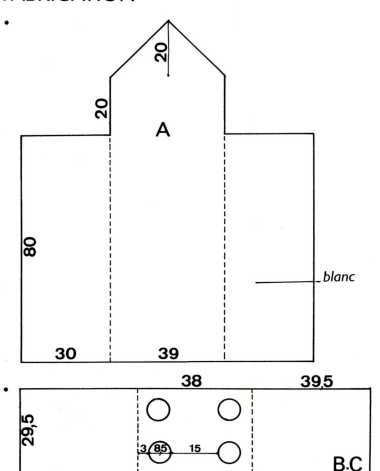

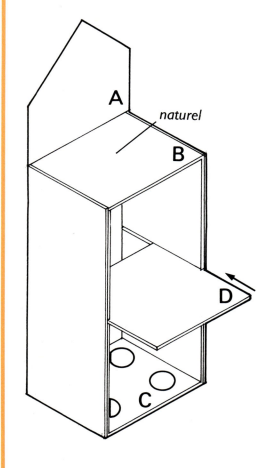

B : non évidé
C : évidé

- 1 rectangle D : 38 x 29,5
- 3 rectangles E : 37 x 29,5
- 1 rectangle F : 29,5 x 13

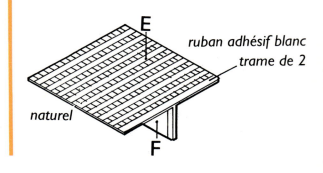

LES MEUBLES D'ENFANT

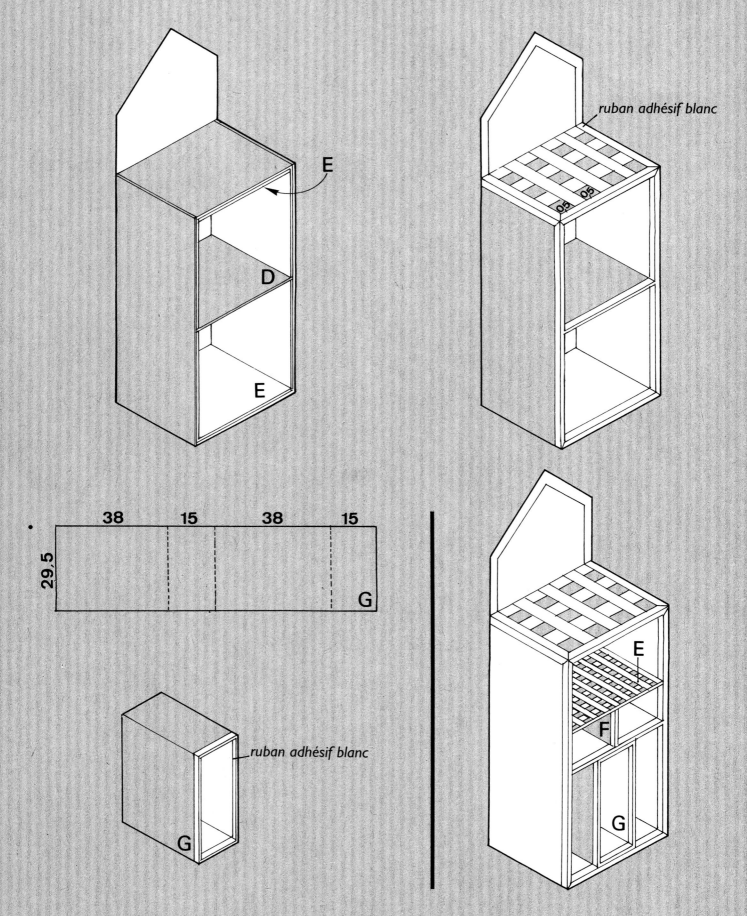

53

MEUBLES EN CARTON

- 2 rectangles H : 18 x 13

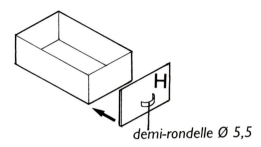
demi-rondelle Ø 5,5

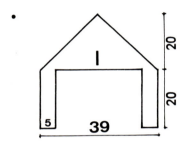

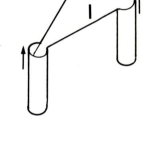

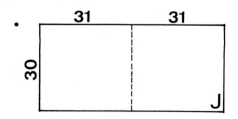

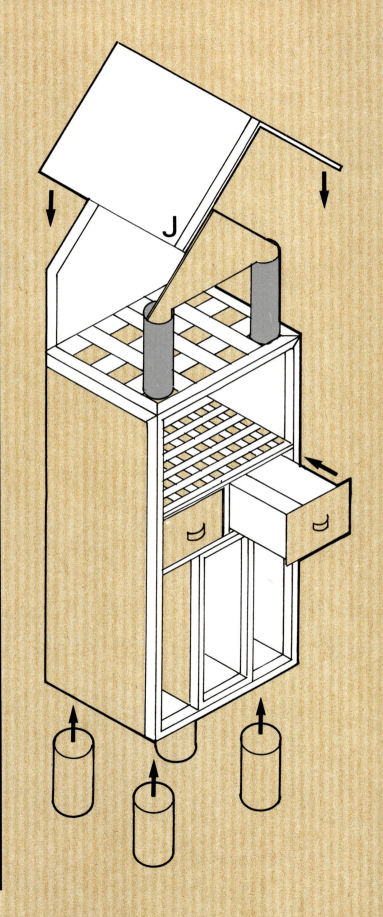

LES MEUBLES D'ENFANT

Les mini meubles

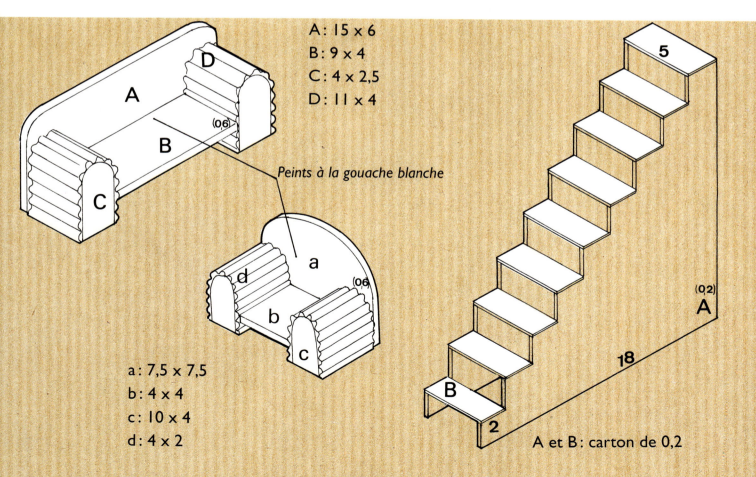

A : 15 x 6
B : 9 x 4
C : 4 x 2,5
D : 11 x 4

Peints à la gouache blanche

a : 7,5 x 7,5
b : 4 x 4
c : 10 x 4
d : 4 x 2

A et B : carton de 0,2

MEUBLES EN CARTON

Le bureau

MATÉRIEL

- Carton de 0,6 : 200 x 150
- Carton ondulé : 80 x 70
- Carton contre collé de 0,2 : 63 x 42
- Tube Ø 11 : 140
- Tube Ø 8,5 : 63

- Ruban adhésif entoilé blanc 5 de l.
- Papier adhésif blanc : 65 x 25
- Papier adhésif transparent : 70 x 50
- Outils indispensables

FABRICATION

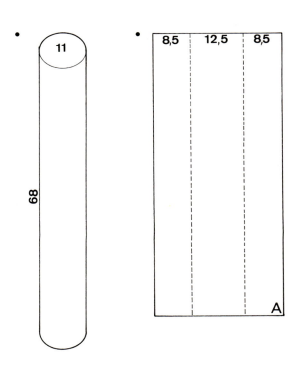

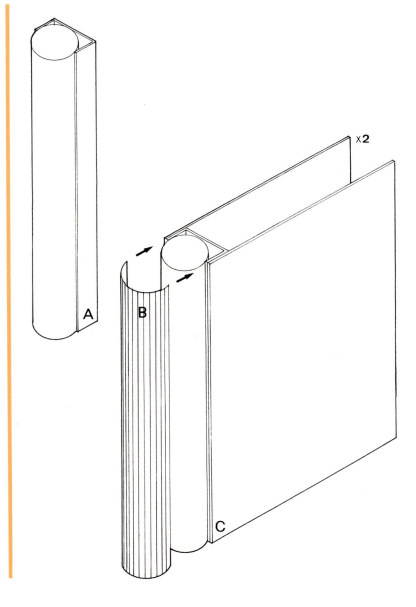

- 1 rectangle B (c.o.) : 68 x 20

- 4 rectangles C : 68 x 50

LES MEUBLES D'ENFANT

• 8 rectangles D : 41,5 x 12,5

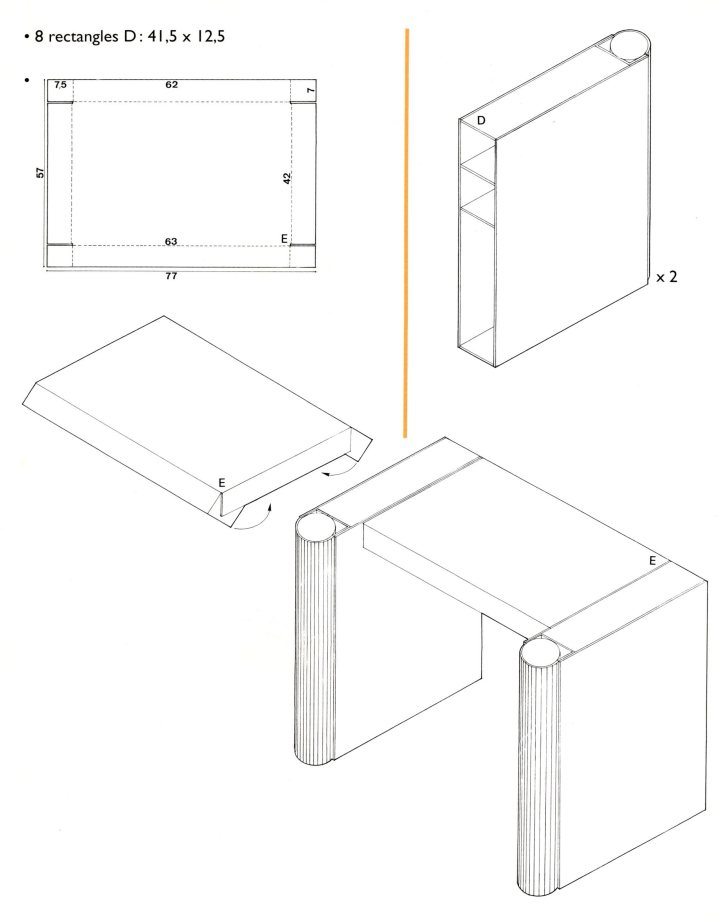

• 2 demi-tubes F :

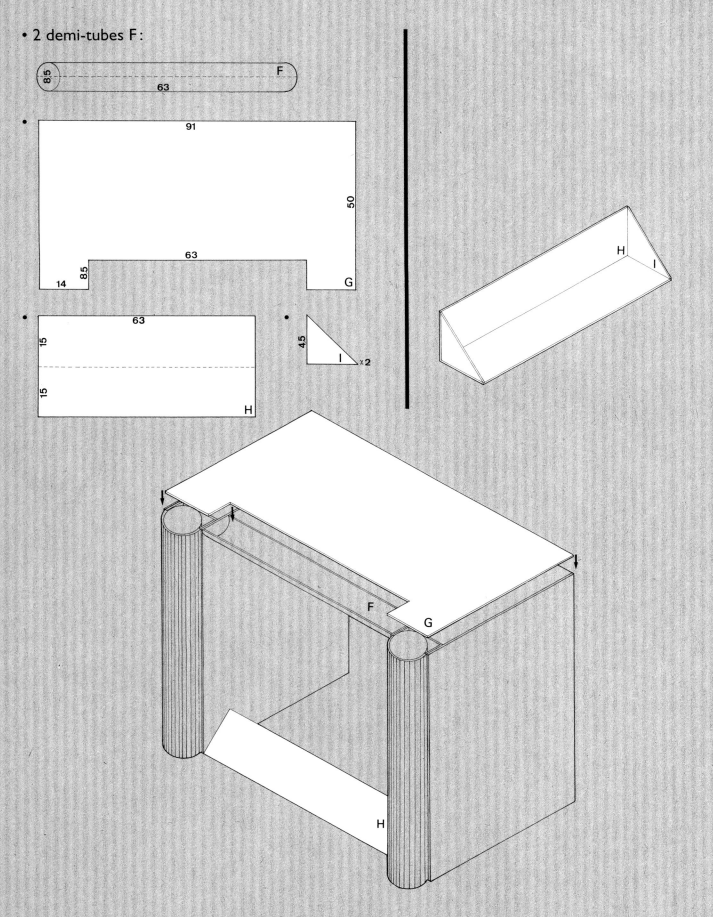

MEUBLES EN CARTON

• Carton contrecollé :

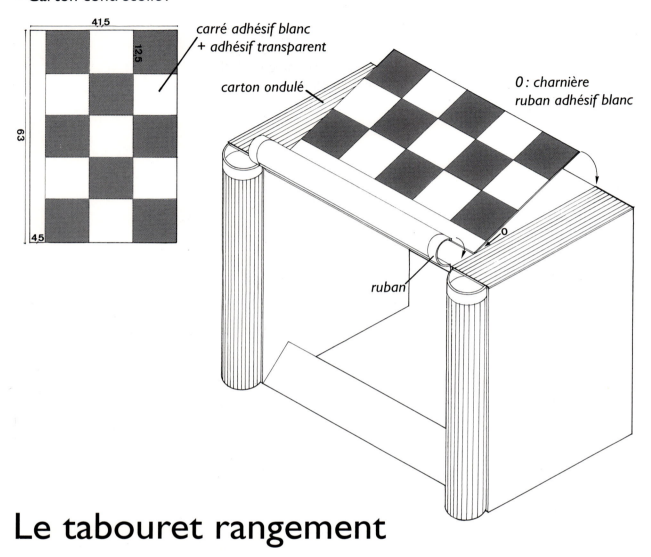

Le tabouret rangement

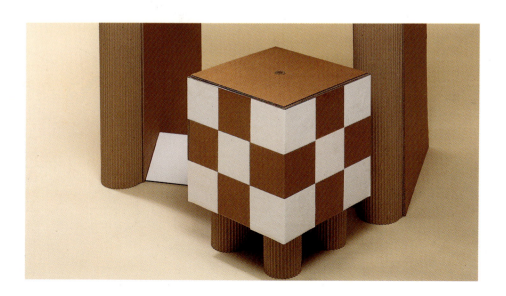

MATÉRIEL

- *Carton de 0,6 : 140 x 100*
- *Carton de 0,4 : 100 x 100*
- *Carton ondulé : 160 x 20*
- *Tube Ø 8,5 : 64*

- *4 barils de lessive : 22 x 19 x 11,5*
- *Papier adhésif blanc : 100 x 50*
- *Papier adhésif transparent : 200 x 40*
- *Outils indispensables*

FABRICATION

- 4 rectangles A (0,6) : 33 x 25

- 2 carrés B (0,6) : 31,8 x 31,8

- 1 carré C (0,6) : 33 x 33

- 2 carrés D (0,6) :

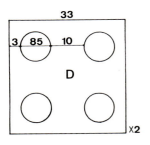

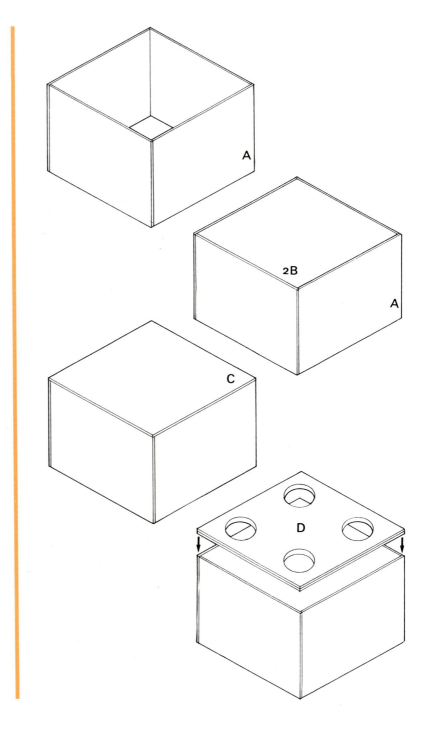

MEUBLES EN CARTON

- 2 rectangles E (0,4) :

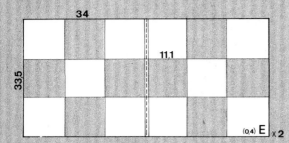

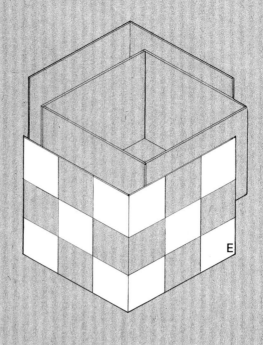

- 2 rectangles F (0,6) :

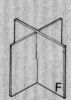

- 1 rectangle G (c.o.) : 160 x 16

LES MEUBLES D'ENFANT

- 1 rectangle H (0,6) :

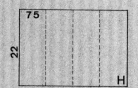

- 4 barils de lessive : 1.2.3.4.

- 2 carrés I (0,6) :

- 1 carré J (0,6) :

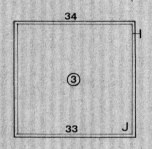

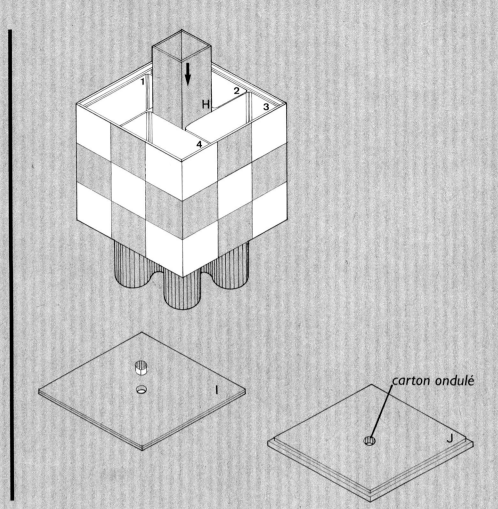

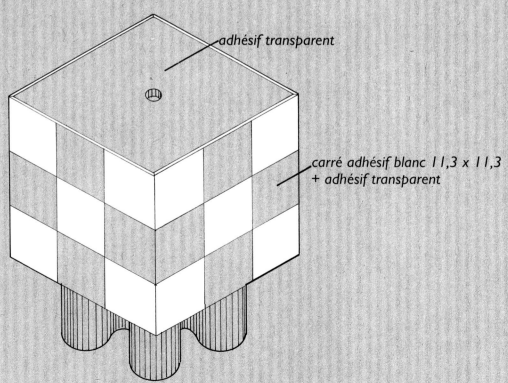

adhésif transparent

carton ondulé

carré adhésif blanc 11,3 x 11,3
+ adhésif transparent

Imprimerie Hérissey, Évreux (Eure)
N° d'impression : 64026